Eberhard Wagner

NACH-LESE

Das Leben fängt an mit der Geburt

und hört auf mitm Tod.

Zwischendrin mussma halt schaua...

Der Anrufbeantworter

Anrufbeantworter? Heutzutag hat man die Mailbox. Ist ja auch viel einfacher und bequemer. Vor allem bei der „Ansage mit Sprechaufforderung", die man früher selber in den AB einsprechen musste, bemerkte der eine oder andere, dass der Umgang mit Sprache schwieriger war als gedacht. Ja, es stellte sich sogar eine Art von Schüchternheit den möglichen Anrufern gegenüber ein, obwohl man ja den Hörer gar nicht abgenommen hatte, wenn der AB einsprang.

Es gab aber auch die Selbstbewussten, die Kreativen. Manchmal hörte man beim Anruf zuerst ein paar Takte Rockmusik oder die Kleine Nachtmusik von Mozart, dann kam die dementsprechende Ansage, einmal kurz angebunden und aggressiv, ein anderes Mal überkandidelt, als sei ein Anruf eine hochfilosofische Sache. Bei den Frauen hörte sich die Ansage manchmal etwas erotisch an, nicht dem Text, sondern dem Klang nach (oder war da der männliche Wunsch der Vater des Gedankens?) oder sie probierten es auf die sanfte, seelenvolle Art: „Ach wie schön das ist, angerufen zu werden! Und wie gerne würde ich jetzt mit ihnen/dir flirten, aber leider...usw., usw. Die Männer gaben sich oft geschäftsmäßig und gestresst, manche auch schlecht gelaunt oder stramm-militärisch. Oder sie überraschten einen mit technischen Tricks, was besonders witzig sein sollte. Einmal hatte ich einen dran, dessen Ansage hörte sich an, als spiele sie in der Geisterbahn. Es gibt bzw. gab endlos viele Möglichkeiten, die „Ansage mit Sprechaufforderung„ zu gestalten – und ich?

Ich war einer von den Schüchternen, Unentschlossenen. Ich sprech auch nicht gern auf den AB oder die Mail-box fremder Leute. Hinterher befürchte ich, etwas Wichtiges vergessen oder mich mit meinem Gestotter blamiert zu haben.

Ich konnte mich auch nicht entscheiden, ob ich m e i n e Ansage in Mundart oder Hochdeutsch machen sollte. „Grüß Gott" oder „Guten Tag"? Oder nur „Hallo"? Nein, das mag ich überhaupt nicht. Das ist kein Gruß, sondern ein Rufwort. Ist da jemand? Also nehm ich „Grüß Gott." Und wie weiter? Kommt drauf an, wer anruft. Unser Nachbar zur linken Seite zum Beispiel, für den tät ich am liebsten eine Extra-Ansag machen: „Sie brauchen uns gar nimmer anrufen, weil unser Hund einmal kurz gebellt hat, Herr Lindner,

Adam, Buchenweg 25, weil: Was Sie uns sagen wollen, haben wir gestern schon zweimal vergessen." Oder so ähnlich. Oder soll ich überhaupts statt einer Ansage unseren Hund aweng neibellen lassen? Das wär was Neues und Kreatives.

Was sag ich bloß, was sag ich bloß?

„Grüß Gott, wir sind momentan net daheim oder zu Hause. Quatsch, das ist doch ohnehin klar, sonst tätma uns ja melden .

Jezt nehm ich einfach die Ansage her, die in der Bedienungsanleitung des AB vorgeschlagen wird. „Guten

Tag", heißts da. „Hier ist der Anschluss 1234567 der Familie Altdorfer in Neuhausen. Wir sind momentan nicht zu erreichen, rufen aber gern zurück. Sie haben nach dem Piepton zwei Minuten Zeit, Ihren Namen, Ihre Rufnummer und den Grund Ihres Anrufs zu nennen...Piep." Kaum hab ich das drin in dem Kasten, schellt schon das Telefon: „Ja, piep! Bei euch piepts wohl! Familie Altdorfer aus Neuhausen! Aprilscherz mitten im Sommer oder was?" Mein Schwager, der immer etwas herumzukritisieren hat an mir, und ich musste ihm erklären, wie es zu dieser Ansage gekommen war. Er murmelte nur noch „Typisch!". Dann war mein erstes AB-Abenteuer zu Ende.

*

Spruch-Weisheiten

hald doch du euer maul

hallo sie fraa moo

g`hörd der daggl du

hau du ju du

mid gummischuh

habe die grießham

grieße die heebamm

baß hald aweng oobachd

su a poor sprüch

wennsd ned draufhosd

konnsd gor ned miidredn

Demoskopie

za mir wenn aaner kummd

iich sooch na ka Werdla

wer waaß

wos draus gmachd werd

bläbd ma bluß von hols

mid den zeich

mei maaning

gehd kan Menschn wos oo

wergli ned

Lexikon G-

Viele Lehrer erleben mit ihren Schülern lustige Geschichten, im Unterricht und manchmal auch am Rand des Unterrichts, so wie mein Großvater mütterlicherseits in einem Dorf, das damals noch eine einklassige Volksschule mit Lehrerwohnung hatte.

An einem recht windigen Wintertag hat sich der „Herr

Lehrer" (so war die Anrede früher) nicht ganz wohl gefühlt und gedacht, eine Grippe könnte im Anmarsch sein. Also beschloss er, die Kinder zu beschäftigen, um sich nicht noch heißer zu reden.

Die einen mussten Rechenaufgaben machen, die anderen einen Aufsatz schreiben, manche durften malen und zeichnen und so weiter. Und er selbst, der Schulmeister, hat sich zuerst die Zeitung vorgenommen und dann in einem Fachblatt für die Bienenzucht geblättert, weil er den Plan hatte, sich bei nächster Gelegenheit Bienen anzuschaffen.

In dem Aufsatz ist aber ein Wort vorgekommen, das er absolut nicht verstanden hat, ein Fremdwort mit G-. Was lag näher, als im Lexikon nachzuschlagen – ja, wenn das Lexikon zur Hand gewesen wär! Es stand drüben in der Lehrerwohnung, in der Bücherwand. Na, er schaut aweng über die Köpf seiner Schulkinder hin und sieht, dass der Adelhards-Martin nicht mehr arbeitet, sondern den Spatzen draußen beim Futterstreit zuschaut. Er zitiert ihn vor sein Pult und gibt ihm den Auftrag, in die Lehrerwohnung zu gehen und sich von seiner Frau den Lexikonband Buchstabe „G" geben zu lassen. „Jawohl", sagt der Martin, zieht seine Jacke über und schiebt ab. „Lexikon G-", ruft ihm der Lehrer nochmals nach und wendet sich den anderen Kindern zu, damit sie bei ihren Aufgaben bleiben. Dann wartet er...und wartet...und wartet. Wo bleibt denn der Bub? Es sind doch nur ein paar Schritte in die Lehrerwohnung hinüber. Und seine Gattin, die „Frau Lehrer", ist sicher daheim. Nochmals dauerts lang, aber dann ist der Martin wieder da – ohne Buch! „Ja, Martin", fragt der Lehrer", wo hast denn das Buch?"

„Das weiß ich aa net", druckst der Bub herum und will sich wieder in seine Bank hineinmogeln.

„Es wird dir doch nicht in den Dreck gefallen sein, das schöne Lexikon?!"

Der Martin zuckt zusammen und schließlich erzählt er: „Ihr Frau hat mich net verstanden."

„Ach so", sagt der Lehrer, „jetzt ist wohl meine Frau dran schuld, dass du ohne Buch daherkommst"!

„Nein, nein, nein", sagt der Martin. „Sie hat mich bloß net verstanden, drei- und viermal net. Am End solltens mir einen Zettel schreiben mit dem Wort, wo`s suchen. Hat die Frau Lehrer gmeint."

Hm, der Lehrer überlegt. „Der hat meine Bitte ganz einfach vergessen", ist es ihm in den Sinn gekommen. Und dann fragt er den Martin, was genau er ihm aufgetragen habe, er wollte ihn der Vergesslichkeit überführen.

„Ich soll", sagt der Martin mit reinstem Gewissen, „ich soll, haben Sie gsagt, das elektrische Kon-gee holen."

Der Lehrer ist sprachlos, und dann hat er blitzschnell ein Fenster aufgerissen und ins Freie hinausgelacht, weil es verpönt war damals, dass ein

Lehrer vor seinen Schulkindern lacht.

Und später, beim Mittagessen mit seiner Frau hat ihn das Lachen nochmals geschüttelt. „Das Lexikon Buchstabe G-, das elektrische Kon-gee…"

"Naja, woher soll so ein Bub das wissen", hat die Frau Lehrer mitleidig gemeint, und meinem Großvater mütterlicherseits hat sein Lehrerberuf mal wieder so richtig gut gefallen. Leider hört man sowas heutzutag nur noch selten.

*

Gutachten

du

du bist doch z bleed
zan bichsenmilch-huln

du
du bisd doch zu dumm
zan scheißn

du
du bisd doch
der ledsda mensch

ausgrechnd du
hosd kheerd

waßd wos du konnsd

du konnsd aana dudn sau

die zäh budsn

ober weida konnsd nix

Ein neuer Beruf

Wie dem Poppn-Hansl sein Bub in die Schule gekommen ist, hat er seinem Vater einen neuen Beruf verpasst. In der ersten Stund hat der Lehrer anhand einer Liste die Namen der ABC-Schützen und ihren familiären Hintergrund abgefragt. Da ist es auch um den Beruf des

Vaters gegangen, ein Kind
nach dem anderen kam dran
und jedes hat wissen
müssen, was der Vater
beruflich macht: Bäcker,
Schreiner, Büroangestellter,
Förster und so weiter.

Der Sohn vom Hansl ist
immer unruhiger geworden
auf seinem Stuhl. „Beruf des
Vaters? Was weiß denn ich!
Ein Ofensetzer ist er, aber
dann spielt er ja auch noch
Fußball jeden
Samstagnachmittag und da
kriegt er auch Geld.
Herrschaftzeiten-nochmal!"
Der Hansl ist damals wirklich
ein guter Fußballer gewesen,
und man hat auch den
Amateuren nach und nach

immer mehr „Unkostenerstattungen" und Prämien zugesteckt, so dass man oft tatsächlich von einer Art Doppelverdienst reden konnte.

Aber Fußballer ist nicht gleich Fußballer!

Heutzutag spielt man kettenförmig, früher gabs den Torwart, die Verteidiger, die Läufer, die Stürmer...„Was ist jetzt mein Vater? Ausputzer ist er." Das war beim Fußball früher ein Spieler, der die Gegner und deren Bälle aus dem eigenen Strafraum heraushalten sollte, damit möglichst selten aufs eigene Tor geschossen werden konnte.

„Ofensetzer –
Ausputzer...Ausputzer –
Ofensetzer – die zwei Wörter
sind dem Poppn-Hansl
seinem Buben im Kopf
rumgesaust wie die Mucken
unterm Lampenschirm. Bis
auf einmal sein Name
aufgerufen worden ist und:
„Beruf des Vaters?"

Und statt nochmal drüber
nachzudenken, schmeißt er
in seinem Schrecken und
Eifer die zwei Wörter
durcheinander und schreit:
„Aussetzer"! Das hätte
beinahe auch seinen Lehrer
überzeugt, der den „neuen
Beruf" für`n Poppn-Hansl ums
Haar in seine Liste
eingetragen hätt.

Werkstattgespräch

der neua

wenn su langsam ärwad

wie er schaud

dann schaud amend

ned viel raus

über sei probezeid naus

Breites Brett

das braade breed muss ma
ooschneidn ossn

oder

das brääde bradd muss ma
ooloss-schneid

So oder so redt ma in
Franken

geengdaalich hald

fei wohr

Leere Haken

Abgesehen doodavon, dass
meine Mutter mich vergöttert
und völlig überschätzt hat, hat
sie doch ab und zu auch
Geschichten aus meiner
Kindheit erzählt, die nicht
ganz so vorteilhaft
waren.Darüber zum Beispiel,
dass Geduld nie meine
starke Seite gewesen ist.
Vielleicht hab ich`s von
meinem Vater geerbt, dem
auch der Geduldsfaden

manchmal zu schnell gerissen ist.

Wobei ihm genauso wie mir das Einkaufen an sich schon keinen großen Spaß gemacht hat. Allenfalls, wenn es in einen Laden mit Süßwaren gegangen ist, wo ich dann von der Verkäuferin einen Riegel Schokolade zugesteckt bekam.

Beim Metzger ist die Aussicht auf a Rädla Gelbwurst, das einem die Verkäuferin übern Ladentisch rübergelangt hot, kein großer Anreiz für mich gewesen.Sowas Fettes, Salziges – nein!

Aber als Beweis dafür, dass sie die Ungeduld schon früh bei mir erlebt hat, ist meine Mutter immer und immer wieder mit dem Gschichtla dahergekommen, wie sie mich zum ersten Mal zum Einkaufen beim Metzger geschickt hat.

Und es stimmt. Wie ich die Haufen Leut in der Metzgerei gesehen hab – hauptsächlich Hausfrauen mit großen Einkaufstaschen und noch größeren Einkaufslisten - , ist mir meine Spielzeugeisenbahn zu Hause eingefallen, mein Steinbaukasten, meine Aufziehautola und der Teddybär, und die haben alle nach mir gerufen und waren viel wichtiger als der saublöde Einkauf. Ich schau mich in dem Laden um, schau und schau und überleg, wie ich am schnellsten wieder aus dem Laden raus und nach Hause in mein Kinderzimmer komme. Und endlich hab ich d i e Idee gehabt, die richtige Idee. Ich mach auf dem Absatz kehrt und lauf so schnell wie möglich heim.

„Na", fragt die Mutter, „wo hast denn die Wurst und den Schinken, die ich dir aufgschrieben hatte? Hast wohl den Zettel verloren?"

Darauf ich mit der schönsten Unschuldsmiene, die ich

zamgebracht hab: „Nein,
nein,aber die Haken an der
Wand in dem Laden waren
allezam leer."

Und das hat sogar gestimmt.
So weit wie ich hab schauen
können, leere Aufhängungen,
und bis heut kommts mir so
vor, als wie wenn ich meine
Ausrede selbst geglaubt hätt
und der Metzgerladen
tatsächlich leergekauft
gewesen wär.

Natürlich ist meine Mutter
nicht auf den Schwindel
reingefallen, hat sich den
Mantel übergezogen und ist
in diie Metzgerei gegangen.
Sie hat dort spaßeshalber
gefragt, ob die Haken wirklich
allezam leer sind, wie ihr Bub

festgestellt hat. Und die Verkäuferin hat gelacht und gesagt, sie hätten sich schon gewundert, warum der kleine Kerl vorhin auf einmal die Geduld verloren und ohne Einkauf wieder davongrennt wär.

Die Geduld verloren...das hat gestimmt, und manchesmal stimmts bei mir heute noch.Erst vorige Woche hab ich mir a Leberkäs-Laabla eingebild´t, aber wie ich dann die Schlange der Leut vor mir gesehen hab, hab ich die Brotzeit sein glassen, und die Gschicht von den leeren Haken in der Metzgerei – fleißig von meiner Mutter weitererzählt - ist mir wieder

eingefallen. „Menschenskind",
hab ich gedacht; „jetzt bist
fast zweimal Großvater
geworden und immer noch
ungeduldig wie als klaans
Kind."

Kinder

meina kinner

sen lauda

wunschkinna

iich kännds verwinschn

Nach Nürnberg

In den ersten Jahren nach
dem Krieg waren viele Leute

gezwungen, sich selbst zu helfen, weil Mangel an allem herrschte. Aber Not macht bekanntlich erfinderisch, und das hat auch für den Sorgers-Alfred gegolten, den älteren Sohn einer Bauernfamilie in einem oberfränkischen Dorf, nicht weit von Bayreuth. Er hatte erstaunlich viel Verstehst-mich fürs Technische und eine große Leidenschaft fürs Motorradfahren. In jeder freien Minute hat er herumgebastelt und probiert, bis er nach einigen Monaten aus lauter alten Trümmern und Ersatzteilen eine leidlich gängige Maschine zusammengestopselt hatte.

Das ist natürlich im Dorf aufgefallen, und wenn auch die meisten Leut hinter der Hand gesagt haben: „A Motorrad selber zambaua – das wird doch nix. Wirst sehn, das bleibt nach ein paar Metern stehn" Ist Alfreds Maschine erstamal gelaufen, kann sich die Meinung auch drehen und siehe, er ist sogar über sein Dorf hinaus als Spezialist für Motorräder bekannt geworden und dann auch für landwirtschaftliche Maschinen. Später hat er in die Schmiede des Nachbarorts geheiratet, der Bauernhof war seinem jüngeren Bruder vorbehalten.

Das etwas laienhafte Zusammenbauen von Motorrädern sollte sich für den Alfred aber so nach und nach auszahlen. Wenn er wieder mal eine Maschine fertig gehabt hat, fing das Schachern mit möglichen Kunden an. „Ob das einmal ein Mensch aus unserem Dorf derzahlen kann?" „Da werden a schöns paar Märkla draufgehn dafür." So vorsichtig, fast hinterhältig, tasteten sich die möglichen Kunden in den Kauf hinein. Und manchmal war es nötig, mit Menschen- und Engelszungen zu reden, um einen Handel zum Abschluss zu bringen. Der Eichmüllers-Heiner zum Beispiel hatte sich das Fahrzeug zuerst von allen Seiten angeschaut und war ein Stück zur Probe damit gefahren, sodass der Alfred schon fast sicher gewesen ist, dass er es kaufen wird. Aber dann hatte er wieder gezögert, und der Alfred hatte immer wortreicher versucht, ihn zu überzeugen, hatte die Motorleistung herausgestrichen, den Benzinverbrauch erwähnt und...und...und. Aber je mehr er geredet hatte, desto ruhiger war der Heiner geworden, hatte von was ganz was anderem angefangen, vom Wetterbericht im Radio, dem er nicht glauben könne, und so weiter. Zuletzt hatte der Alfred seine ganze Fantasie zusammengenommen, tief Luft geholt und gesagt: „Nach dem Wetterbericht für heut solls weit und breit net regnen, schreibt die Zeitung, und mei Nachbara, die alt Müllnera, hat keine Kreuzschmerzen, und das bedeut` schöns Wetter. Will heißen: Wenn du, lieber Heiner, etzt von da mit dem Motorrädla losfährst, bist garantiert in 30 bis 40 Minutn in Nürnberg. Und zwar knochentrocken aa noch"

Der Heiner sinnt aweng nach, dann sagt er ruhig und ernsthaft : „Ja! Das

Motorrädla da gfallat ma scho, nix auszusetzen dran, astrein. Und trotzdem kann ichs dir net abkaufn. Tut mir scho leid."

„Und warum denn net um alles in der Welt?"

„Ja mei", sagt der Heiner, „was tu ich denn in 30 bis 40 Minuten in Nürnberg?!"

Das, so kommentiert es etwas hintergründig der Verfasser,dem die Geschichte auf Umwegen zugetragen worden ist, ist typisch Fränkisch: Im Einzelnen logisch, im Zusammenhang aber verwirrend.

Do it yourself

die audo

wern aa immer komplizierter

nix konnsd mehr selber
richdn

wals umasunsd is

do it yourself

das will doch kaaner mehr

heidzudooch

Herr Ober

Kleinstadtgeschichten gibts
wie Sand am Meer. Aber net

a jede ist wirklich. passiert.
Manchesmal denkt sich auch
ein findiger Kopf etwas aus,
und das passt dann so gut in
eine kleine Stadt, dass man
gar nicht mehr merkt, dass
die Geschichte nur ein
Phantasieprodukt ist. Mit
solchen Geschichten leben
die Leute, die sie erfinden,
und solche, die sie
weitertratschen, ihre
Vorurteile über die jreils
anderen aus, und zwar
überall. Die Welthauptstädter
reden dumm über die
Hauptstädter, die
Hauptstädter über die
Großstädter, die Großstädter
über die Kleinstädter, die

Kleinstädter über die Dörfler
und so weiter.

So wie in der folgenden
Geschichte über die Kunni,
ein Mädchen aus Is-ja-
worscht-Hausen, einem
Dörflein, das überall sein
könnte.

Die Kunni ist seit ein paar
Wochen als Haushaltshilfe
angestellt beim Herrn
Oberamtsrat Maier und seiner
Frau Gemahlin, der Frau
Oberamtsrat. Die beiden sind
sehr zufrieden mit der Kunni,
und weil sie gut gebaut ist
und ein schön`s Gsicht hat
und sich immer sauber
herrichtet, hat sie schnell
einen Verehrer gefunden,
einen schneidigen

Jungförster, der wo ihr gut gefällt.

Am Samstagnachmittag hat`s frei, und der Schorsch führt`s in eine Konditorei aus. Ein Herr im schwarzen Frack saust zwischen den Tischen herum und serviert all die guten Sachen, die sich die Gäst am Tresen herausgesucht haben, und die Leut rufen den Herren „Herr Ober!".

Am gleichen Abend ist der Kunni ihr Arbeitgeber, der Herr Oberamtsrat, zu einem Empfang eingeladen, wo sich lauter hohe Herrschaften treffen. Klar, dass er da seine Weste und seinen Frack anziehen muss, und die

Kunni staunt nicht schlecht, wie`s feststellt, dass er in dieser Montur noch eindrucksvoller und würdiger ausschaut wie sowieso schon. Nicht mal sein respektables Bierbäuchlein sieht man mehr.

Wie er gegangen ist, hat ihm seine Gattin noch recht andächtig nachgeschaut. Und die Kunni auch.

Dann hat sie sich ein Herz gefasst und bei ihrer Chefin vorgefühlt, ob sie ihr eine kleine Frage stellen dürft. „Ja freilich, nur raus damit!"

„Nehma`s mir aber fei net krumm;" ist die Kunni nochmal auf Nummer sicher gegangen."Nein", sagt die Chefin, „ganz bestimmt nicht".

„Also", fängt die Kunni vorsichtig an: „Also.. was ich fragen wollt..."in welchem Lokal tut denn Ihr Mann heut Abend bedienen?"

Servitör

Die Frau vom Freibergers-Hannes hat immer mal wieder Hust- und Fieberanfälle gehabt. Zuletzt hat es ihr Mann jedoch nicht mehr mit anhören können und ist in die Stadt gefahren, wo er in der Apotheke für einen Groschen Bärendreck (Lakritze) gekauft hat. Wie er zur Tür hinaus ist, hat er sich landesüblich mit

„Dankschee und adee dann!"
verabschiedet, und der
Apotheker hat ihn angeschaut
und mit spöttischer Miene
und einer kleinen
Verbeugung gesagt:
„Servitör!"

Servitör? D a s Wort hatt der
Hannes noch nie gehört, und
es hat ihn geärgert, dass er
nicht wusste, was es
bedeutet und warum es der
Apotheker mit so auffallend
spöttischer Miene gesagt hat:
Servitör!

Auf dem Wochenmarkt ist
dem Hannes ein Mann
begegnet, der so
einigermaßen was
gleichgesehen hat – ein
Bader, a rechts Luder.

Der Hannes hat ihn angesprochen und gefragt, ob er etwa Lateinisch könne.Er hats zwar nicht gekonnt, aber zum Bauern Hannes hat er gesagt: „Gummi arabi cumicum, Mariendum wend`d die Ent dum net tutendum verbrennendum!"

„Schon gut", hat der Hannes gesagt. „Ich seh schon, dass ich an den Richigen gekommen bin." Und dann hat er sein Erlebnis mit dem Apotheker erzählt und gefrgt, ob er wohl wisse, was Servitör zu bedeuten habe.

Der Bader hat wichtigtuerisch gschaut und erklärt, der Servitör sei was ganz

Garstigs. „Das is so arg, dass ich gar net erklären möcht, was es heißt."

„Habs mir doch gedacht", hat der Hannes gmeint und sich herzlich für die Antwort bedankt.

Und wo ist er hin? Zur Apotheke! Und hat sich gfreut und gleichzeitig gekocht vor Wut, dass er dem Apotheker auf seine Schlich gekommen ist.

Dann hat er die Tür aufgrissn und aus vollem Hals in die Apotheke hineingeschrien: Servitör! Servitör, elendiger! Andere Leut a`n Servitör heißn! Du selber a Servitör a dreckata!" Dann hat er die

Tür zugehauen und ist
davongegangen.

Der Apotheker hat nicht
gewusst, wie oder was, aber
der Hannes hat sich gfreut
wie a Schneekönig, und hat
sich zum Bader hingsetzt
und ihm drei Seidla Bier
ausgeben vor lauter Freud.
Und in die besagte Apotheke
ist er nie mehr
hineingegangen.

Mit der Bahn

Wie der Böhms-Gerch zum
ersten Mal mit der Bahn
gefahren ist (18-
hundertselbigsmal), hat er
genau wie immer sei Pfeifla
dampfen lassen. Er hat alles

graucht, was gebrannt hat, und sei Tabak hat meistens mörderisch gstunkn, aa in dem Kupee, in dem er sei erste Bahnfahrt gmacht hat.Gleich wie er rein ist, hat er a`n Mordgstank produziert, und ein vornehmer Herr mit goldenem Augenglas hat gehustet, als müsst er gleich ersticken: „Pfui Teufel", hat er gschimpft. „Was raucht denn der Kerl für ein Kraut!" Schließlich hat er dem Gerch auf die Schulter geklopft und gsagt: „Guter Mann, können Sie lesen?"

„Na horch amal", meint der Gerch. „Freilich kann ich lesen. Zu was wär ich denn in die Schul ganga?"

„Dann lesen Sie doch bitte mal, was hier steht."

Der Gerch hat gschaut und buchstabiert: Rauchen verboten!

„Na bitte", sagt er noble Herr, „packen Sie sofort Ihre Pfeife ein und belästigen Sie Ihre Mitreisenden nicht!"

Der Gerch hat schnell noch a paar Züg getan, dann hat er seine Pfeife eingesteckt.

Kurz drauf liest er überm Fenster: Nicht hinauslehnen!

Gesagt hat er nix, aber gedacht: „Da wird man wohl für recht dumm gehalten! Man ist doch kein Kind mehr, dass man am offenen Fenster herumturnt und amend noch hinausfällt."

Dann betrachet er die Tür. Da liest er: Nicht öffnen, bevor der Zug hält!

Er schaut sich in dem Wagen noch aweng um und liest: Das Ausspucken auf den Boden ist untersagt!

„Ja, Herrschaft, „ denkt er, „jetzt möcht ich schon wissen, was in dem Saukasten überhaupt noch erlaubt ist." Wie der Zug hält, packt er sein Bündel zusammen und verlässt – seine Pfeife im Mund- so schnell wie möglich den Waggon.

Schnurstraks läuft er zum Konduktör und beschwert

sidh: „Für mei Geld möcht ich a`n Platz haben, wo ich rauchen, zum Fenster hinausschauen und ausspotzen kann wie ich mag!"

Und weils schon pressiert hat, hat der Konduktör die Tür zum Viehwagen aufgrissen und den Gerch kurzerhand neigschumpert. Da drin hats ihm gfallen, da waren schon ein paar solche rumgehockt wie er. Nirgends Verbote! Und wie ihn am Zielbahnhof der Konduktör auf dem Bahnsteig gfragt hat, ob er jetzt einverstanden gwesen wär, hat der Gerch zufrieden gebrummt: „Des glabst! Dank schee. Und a andersmal tun`S mich bitte g l e i c h in den richtigen Wagen!"

Gerichtsszene

Wenn man – wie ich meinerzeit – seine Laabla damit verdient, die Mundart zu erforschen, kann man ein Lied davon singen, wie kompliziert oft das Verhältnis von Wort und Bedeutung ist. Als Sammler für ein Mundartwörterbuch mit ca. 700 Zettelkästen und Tausenden von Belegen verflucht man manchmal die Vieldeutigkeit von Sprache und die Wissbegierde von

Mundartsprechern, die wissen wollen, woher die Wörter kommen, die ihnen rätselhaft sind. Zum Beispiel Roowern für „Schubkarre", ächet oder mächet für „linksseitig" oder liidschäftig für „wackelig, baufällig" und so weiter. Da muss man dann nachdenken und in der Fachliteratur suchen und wenn man Glück hat, findet man sogar was Brauchbares. Manchmal ist das Wort selber sogar alltäglich, aber die Bedeutungen schillern in sämtlichen Farben. Solche Fälle können dann manchmal bis ins Kriminologische führen, zum Beispiel, wenn es sich um eine

Beleidigungsklage handelt. Dann kann es schon vorkommen, dass man zu einem Gutachten aufgefordert wird.

Zum Beispiel als zwei handfeste Mannsbilder wegen einem kleinen Autounfall derart gestritten haben, dass der eine den anderen einen Gribbl, einen elendigen, genannt hat und der so Beschimpfte mit einer Beleidigungsklage vor Gericht gezogen ist. Und dazu musste ich mit einem sprachlichen Gutachten Stellung nehmen.

Ich hab in unseren Wörterlisten und -kästen gestöbert und auch meine

eigenen Sprachgewohnheiten herangezogen und dann sinngemäß geschrieben,
dass der Gribbl, der elendige eine Beleidigung sein k a n n, aber nicht sein m u s s. Im Gegenteil, er könne sogar ein „pfiffiger Kerl" sein, schlimmstenfalls ein „Schlitzohr", irgendwas in der Richtung, also unter Umständen sogar etwas Positives.

Damit gut! Ich habe mein Gutachten abgeschickt, und ein paar Wochen später ist der Gerichtstermin gewesen. Und weils mich interessiert hat, bin ich halt nei aufs G`richt und hab mir die Verhandlung ang´horcht.

Tatsächlich ist auch mein Gutachten vorgelesen worden, aber der Beleidigte hat das ganz anders beurteilt. A Gribbl hat er gmeint, also wörtlich ein Krüppel, wäre er nicht, das könnte er beweisn, an ihm wär alles grad gewachsen, er hätt keinen Körperschaden oder gar ein Körperteil zu wenig. Und „elendig" wär eine zusätzliche Beleidigung, er wär net arm, vielmehr im Gegenteil, das könnt er anhand seiner Bankauszüg beweisen und so weiter und sofort.

Das Gericht hat die Einred`zur Kenntnis genommen und einen Vergleich vorgeschlagen.

Aber der Kläger, ein rechter Streithammel, wolllt nicht darauf eingehen. Also hat sich das Gericht nochmal kurz beraten und dann die Klag abgewiesen. Im Zweifelsfall für den Angeklagten hats geheißen. Der Mundartausdruck wär keine echte schwere Beleidigung, wie auch das sprachliche Gutachten ergeben hätt. Und ob er, der Kläger, noch ein Schlußwort zum Fall anbringen wollte, denn ansonsten sei der Fall abgeschlossen.

„A Schlusswort? Ja, das möchti schon noch", hat der Kläger gemeint, „und ob ich das möcht!"

„Dann bitte jetzt", hats geheißen,"es wird noch protokoliert."

Einen Moment hat der Kläger nachgedacht, dann hat er gesagt: „ Hohes Gericht, verehrte Anwesende! Wenn das wirklich stimmt, dass a Krüppel, a elendiger, ka echte Beleidigung ist, dann pfeif ich euch was auf euer Urteil, ihr Kribbl, ihr elendigen."

Dann hat er aufm Absatz kehrt gemacht und ist bei der Tür nausstolziert.

Vor Gericht

ich breng
doo herin
ka lufd her
doo herin
brengi einfoch
ka lufd her
Endschuldigung
herr oberlandes
gerichdsrood
iich breng doo
ka lufd…
und ohna lufd
is alles nix

Bart ab!

„Der Bart ziert den Mann" - damals, als mein Vater ins Gymnasium gegangen ist und Deutschland noch vom Kaiser regiert wurde, war das ein ungeschriebenes Gesetz, egal, ob der Bart wirklich eine Zierde war oder nicht. Heutzutag, wo fast jedes Mannsbild einen Bart im Gesicht hängen hat, weiß man, worauf es ankommt: Bartpflege.

Wir hatten mal einen alten Studienrat, hat mir mein Vater erzählt, der hatte einen urwaldähnlichen Bart, den er aber nicht sauber hielt, was für uns Schüler ein schwer zu ertragender Anblick war: Brotbreesala, Sauerkrautfädla, von allem Essbaren halt a paar Restla. Alles im Bart drin.

A Fraa – also eine Gattin, wie man früher gesagt hat – hat unser Studienrat nicht gehabt, und so nach und nach hats uns gedämmert, dass wir das Problem mit dem dreckigen Bart selbst in die Hand nehmen müssten, wenn der eklige Anblick verschwinden solle; denn dass der Herr Studienrat selber auf die richtige Idee kommen würde, d i e Hoffnung mussten wir aufgeben. Vom Alter her hätte er in die Pension gehört, hat aber immer noch aweng ausgeholfen, weil es damals schon einen beachtlichen Lehrermangel gab.

Unser Geduldsfaden ist immer dünner geworden, und wir haben darüber nachgedacht, wie man den Bart unseres Lehrers wegbringen könnten. Natürlich hat sich keiner gefunden, der es ihm direkt ins Gesicht sagen wollt; jeder hat Angst gehabt, dass sich der Studienrat mit schlechten Noten rächen könnt. Wir wollten es schon aufgeben und darauf warten, dass irgendetwas

Unvorhergesehenes das Problem lösen würde, da behauptete der Neumeiers-Bernhard, unser Pfiffikus, einen Plan zu haben, ein Mittel gegen den Bart, aber die Sache wäre mit Unkosten verbunden, die er nicht allein aufbringen könne. Was denn für Unkosten? Naja, es handle sich um eine Art von Bestechung.

Natürlich, etzt wollten wirs wissen, wer investiert schon in ein unbekanntes Geschäft? „Mein Plan muss unter absoluter Geheimhaltung vorbereitet werden.", hat der Bernhard gemeint, „das Risiko, dass sich jemand verplappert, ist mir zu groß.

Deswegen dürft ihr mich
nichts mehr fragen,
Geheimhaltungsstufe eins"
Also haben wir eingewilligt
und gewartet.

Schon hätten wir die
Hoffnung beinahe
aufgegeben, da ließ der
Berhard einen Zettel
herumgehen mit nur einem
einzigen Wort drauf: Heute!

Natürlich hat jeder gewusst,
was gemeint war, keiner
ahnte jedoch, welchen Plan
der Bernhard hatte.

Nach der letzten
Unterrichtsstund mussten wir
im Gang mit den Fenstern
warten und schauen, was
passiert. Man sah auf eine

Baustell hinunter (wie langweilig), irgendetwas wurde verlegt, Rohre wahrscheinlich, na und?

Nochmal mussten wir Geduld haben, dann sahen wir unseren Studienrat mit dem Bart Wie immer trödelte er die Straß hinunter, direkt an der Baustell vorbei. Und dann ging alles blitzschnell: Eine Arbeiterhand fährt aus der Baugrube heraus, dick mit Teer beschmiert, wird steil nach oben herausgefahren und hält sich direkt am Bart unseres Studienrats fest, „wie versprochen aus Versehen mit Absicht", erklärt es der Bernhard und dass ihn das ein saftiges Bestechungsgeld an den Teerarbeiter gekostet hätte, deswegen der eingesammelte Beitrag vor der Durchführung des Attentats. Wir haben bravo geschrien und und gfeixt vor Schadenfreud, und am nächsten Tag ist der Studienrat mit glatt rasiertem Gesicht zum Unterricht erschienen und hat sich auch nie mehr einen Bart wachsen lassen, obwohl d e r damals einen Mann geziert hat, zu Kaiser Wilhelms Zeiten.

Arbeiterbewegung heute

hopp

Arbeiter!

Bewegung!

Die Lausbubenclique

Für uns, die Lausbuben in unsrem Viertel, waren die Jahre um 1950 herum eine schöne Zeit. Das einzige Auto ist damals ein klappriger DKW gewesen, der ist nur ganz selten gefahren worden, weil er meistens kaputt war. Und weil er in einem eigenartigen Dunkelrot lackiert war, hat man ihn den Ochsenblutkarren genannt.

In unserer Straßenclique haben soziale Unterschiede keine Rolle gespielt. Da waren die Kinder der Bessergestellten und der Arbeiter, der Flüchtlinge und der Einheimischen bunt durcheinander gemischt, und wer dazugehören wollte, hat vor allem gut Fußball spielen müssen. Auch altersmäßig ist da Vieles durcheinander gegangen. Die kleineren Buben waren oft die technisch besseren, wir größeren haben ihre Wendigkeit mit Kraft ausgeglichen. So entstand mit der Zeit eine Straßenmannschaft, die ab und zu auch mal ein Spiel gewonnen hat.

Freilich, in unserer Clique gabs nicht nur Angeber und Wortführer, es sind auch ein paar „deppate Johrgäng" dabei gewesen, die bei fast allem etwas länger gebraucht haben. Einer von ihnen – ich hab seinen Namen vergessen – also sagen wir „Kurti" – hat immer ganz besonders lustige Stückla geliefert und uns mit seiner Langsamkeit im Denken nicht selten zum Lachen gebracht. Bei Dauerregen zum Beispiel ist bei uns mal das Wörterraten in Mode gewesen. Dahaam natürlich. Man zog eine Karte mit einer Bedeutung, das passende Wort dazu musste gefunden werden, der Anfangsbuchstabe ergab sich durch ein alphabetisches Rad, das man drehen musste. Als es um „Baumobst" ging und der Zeiger auf dem „A" stehen geblieben war, schrie unser Kurti in voller Überzeugung „Birne!", und wir mussten wieder einmal endlos lachen über ihn.

Ein anderes Mal ging es um Wörter mit -wärts, also hinwärts, herwärts, naufwärts, nunterwärts. Schreit unser Kurti: Nix wärds! Und will einen Punkt dafür haben.

Weil uns unsere Straße allmählich zu eng geworden ist, und die Anwohner zunehmend genervt von unserem Geschrei gewesen sind, haben wir Fußball draußen auf den Wiesen gespielt. Bolzplätze an jeder Ecke wie heutzutag hats ja noch nicht gegeben. Wie immer sind wir einmal so fanatisch bei der Sach gewesen, dass wir den Flurwächter mit seinem Wachhund nicht bemerkt haben. „Schaut ihr, dass ihr weiterkummt, ihr Saugrippl, ihr elendigen. Iich werd euch helfen, das frische Gras niedertrampeln! Ich zeig euch an."

Na, wir schnell unsere Klamotten zamg`rafft, und ab die Post, jeder auf einem anderen Weg nach Hause, als   Verwirrungstaktik für den Verfolger."

Als wir uns wieder alle in unserem Viertel versammelt hatten, fällts dem Kurti ein, dass er seinen Pullover draußen liegen gelassen hatte. Und der Dieter merkt, dass er seine Kappe vermisst.

„Also, da geh ich jetzt gleich amal naus und hol meinen Pullover", verkündet der Kurti, „und wenn ich na Dieter sei Kappn liegen seh, sag ich B`scheid."

Was dann wirklich passiert ist, weiß ich nicht mehr. Wahrscheinlich hatte der Fluri mit seinem Wachhund den Pullover und die Kappe inzwischen als „Beweisstücke" mitgenommen. Angezeigt hat er uns allerdings nie.

Zwei Klassen

ihr tut eich leichd

ihr essd es fleisch zu die kleeß

Mir tun uns schwerer dageeng

mir missn die Klees

zum Fleisch essn

Blutig oder medium

Manche Gastwirte loben ihre Speisen als „gutbügerlich". Der Begriff stammt aus der Zeit, als man noch zwischen Adel und Bürgertum unterschied, auch beim Essen. Heutzutag denkt man bei gutbürgerlicher Küche eher an „Hausmannskost" ohne Verfeinerungen, Klöß und Schweinsbraten zum Beispiel, wobei die Klöß möglichst nicht au`sm Päckla kommen sollten, sondern von Hand gedreht worden, also sozusagen Eigenbau sind.Natürlich läuft in der

Gastrononmie schon lange nichts mehr mit einem eindimensionalen Angebot, es muss vielfältig sein - ‚schon aus wirtschaftlichen Gründen -, und die Speisen auf gutbürgerliche Art stehen auf einer eigenen Karte oder sind neben den Pasta- und Pommesgerichten auf der allgemeinen Karte aufgelistet. Der Gast soll eine übersichtliche Wahl haben.

„Erfreulich", dachten wir und waren am vorigen Sonntag mal wieder zum Essen im Wirtshaus g`hockt und haben auf unsere Klöß mit dem obligatorischen Schweinsbraten gewartet. Plötzlich geht die Tür auf, und

das Ehepaar „Neureich"
rauscht herein, Beide in
Edeltracht, s i e um die Finger
und den Hals herum mit
funkelndem Metall – wer
koo, der koo!

Wir – meine Begleitung und
ich – haben uns unterm Tisch
einen Schumperer gegeben
statt Blicken – verstehst
schon, was ich sagen will!

Die zwei neuen Gäste
nehmen ihre reservierten
Plätze ein, mittendrin, um
auch ja nicht übersehen zu
werden. Natürlich sind fast
alle darauf neugierig , wie
und was solche feinen Leute
zu speisen
gedenken.Gutbürgerlich?
Nein, zweimal Filetsteak soll

es sein. E r hats hinausposaunt, damit man`s auch im letzten Winkel gehört hat, und s i e hat stolz um sich geblickt, als wollt sie sagen: „Ja, ihr habt richtig verstanden. So essen wir Bessern. Gegen uns seid ihr doch alle zweitklassig."

„Zweimal Filetsteak", notiert die Bedienung, eine studentische Aushilfskraft, und verzieht keine Miene. Dann schaut sie die beiden Gäste über den Notizblock weg an und fragt wie nebenbei: „Saignant oder medium?"

Die Neureichs schauen sich kurz, aber hilflos an und dann sagt e r, hörbar für jedermann: „Nein, sowas nicht, lieber mit Champignons."

Die nächste Minute ist es mucksmäuschenstill im Speisesaal, weil jeder gewusst hat: Wenn jetzt nur e i n e r lacht, ein Einziger, dann wäre das der Auslöser für ein schadenfrohes Riesengelächter, und das verbot uns – natürlich - die gute Erziehung.

*

sooch des nuamol

Des wennsd nuamol sogsd

hasd es ledsdamol wos gsogd

des sooch dir i i c h

Die Wespe

Wer kann am längsten die Luft anhalten?

Mir ist es als Kind immer aweng mulmig gewesen bei dieser sportlichen Übung. Ich hab mich nie darum grissen, einen Rekord im Luftanhalten aufzustellen wie meine Freundla, der Hans, der Gerhard und der Dieter.

Aber dann ist der Tag gekommen, da hats mir gewaltsam die Luft abgschnürt, gleich für ein paar Stunden. Ich mein natürlich net in echt, aber das Leben ist auf einmal stehen geblieben und gestockt in mir, ich konnt`nichts andres tun

als warten. Schuld war ich
allerdings selber, und das hat
mich am allermeisten
bedrückt. Warum hab ich
auch die Weps in das Glas
hineinsperren müssen!? Die
hätt mich ganz bestimmt net
gstochen. Ich wollt halt ganz
sicher gehen, weil ich ein
paar Wochen zuvor
tatsächlich einen
Wespenstich abbekommen
hatte, ausgerechnet am
Augenrand, und tagelang
rumgehutzt bin wie a blinde
Henna.D a s sollte mir nicht
nochmal passieren, jetzt hatte
ich Respekt vor den Wespen,
z u viel Respekt.

Verschwitzt und abgekämpft
und vor allem durstig komm

ich vom Straßenfußball nach Haus. Die Eltern hatten einen Zettel da gelassen: Wir sind ins Kino. Limo wäre im Kühlschrank, und ein Brot könnt ich mir selber streichen. Und wenn ich zu Hause gewesen wäre, hätten sie mich ins Kino mitgenommen.

Ok., ich hol mir die Limoflasche raus und stürz erstmal zwei Gläser von dem Bitzlwasser nunter, das dritte auf Raten.

Ich streich mir ein Brot, Butter und Mettwurst – die hab ich schon immer gern `gessen. Auf einmal saust so ein Wespenvieh durchs Zimmer, dreht a paar Kurven und lässt sich auf meinem Limoglas nieder, spaziert kopfüber hinein und leckt am Zucker-Gepapp. „Wie bring ich die jetzt wieder raus?" Und zwar so, dass sie nicht aggressiv wird, also wepsat, und auf mich losgeht? Ungeschickt probier ich das Eine und Andre – ohne Erfolg. „Na wart", denk ich, bleib nur drin in dem Glas!", und leg schön vorsichtig eine Untertasse drauf wie einen Deckel. Falle zu, prima! Schnell noch die Schulaufgaben gemacht, schludrig wie immer, dann aufs Sofa gflackt und eingeschlafen.

Plötzlich der Schrei, mitten in den schönsten Schlaf hinein.Meine Mutter steht da, das leer getrunkene Limoglas in der Hand. „Ausspucken, ausspucken!" schreit mein Vater, und bevor ich noch richtig verstanden hatte, was passiert war, waren sie schon unterwegs zur Notfallstation.

Dann ist das „Luftanhalten" gekommen. Eine Stunde, zwei und so weiter. Was ich gedacht habe? Ich weiß es nicht mehr. Jedenfalls bin ich vorher und auch nachher nie mehr so lang wütend auf

 mich selbst gewesen. „Luftanhalten" als St r a f e für Dummheit, Leichtsinn und lächerliche Angst vor einem Wespenstich,den ich mir zuletzt selbst gewünscht habe, weil er dann meine

Mutter nicht in
Erstickungsgefahr gebracht
hätte. Der Stich musste ein
paar Stunden medizinisch
unter Beobachtung behandelt
werden, dann genügten
Eiswürfel, bis wir von Glück
reden durften, dass nichts
Schlimmeres passiert war.

Ratschlag

Fang nix oo

dann braugsd nix

aufheern!

Alle Neune!

Als mein Vater - Jahrgang
1890 - noch ein Lausbub

war, spielte er wie alle Buben auf der Welt den Erwachsenen den einen oder anderen Streich und erzählte später davon, vor allem wenn es dabei etwas zum Lachen gab. Beispielsweis die Geschicht,wie er und seine Kumpel sich als Kegelbuben a paar Zwietscher Taschengeld verdient haben. Was heutzutage automatisch auf Knopfdruck geht, mussten (oder durften)

die Kegelbuben von Hand erledigen, nämlich das Aufstellen der Kegel, die nach einem geschickten Wurf der Kugel umgefallen waren. Und wenn es alle neune waren, bekamen die Buben ein kleines Taschengeld – ein paar Pfennige nur, aber alles hing ab von der Zielgenauigkeit der Kegelbrüder, und manchmal hatten sie zu wenig oder zu viel Zielwasser getrunken, und nur einzelne Kegel abgeräumt - schlecht für die Kegelbuben. Dann hatte ein besonders Schlauer von ihnen die Idee, dem Spielverlauf etwas nachzuhelfen. Wenn die Kegel wieder einmal aufgestellt waren, legte einer der Buben blitzschnell und unauffällig einen Faden außen um den Block der stehenden Kegel herum, und wenn dann die Kugel schön mittig hereingeschossen kam,

zogen die Buben am Faden -
und alle neune fielen zur
allgemeinen Freude um.

So funktionierte das eine
Weile ganz gut, und das nach
den ungeschriebenen
Spielregeln fällige
Taschengeld floss immer
öfter und öfter. Bis einmal das
passierte, was passieren
musste: Der Faden wurde zu
früh gezogen, und die Kegel
fielen schon um, als die Kugel
noch unterwegs war - ein
Wunder? Ein Bubenstreich!
Und ein Mordsdonnerwetter.
Der Wirt wurde geholt, um die
Polizei zu informieren, was
aber dann doch nicht
geschah, weil sich die ganze
Aufregung in einem

Mordsgelächter auflöste, und es gab sogar den einen oder andren Kegelbruder, der sich für eine Aufstockung des Taschengelds aussprach, damit die Buben keinen Grund mehr hatten, auf solch miese Tricks zu verfallen. So wurde einer der ersten „Tarifkonflikte" in unserer Stadt bewältigt. Mit dieser Feststellung beendete mein Vater jedenfalls diesen „Schwank aus meiner Kindheit", den er immer mal wieder zum Besten gab, auch wenn wir sagten: „Das hast du doch schon hundertmal erzählt!"

Bitte

derzählma lieber nix

Iich glaabs suwiesu ned

Im Bierhimmel

Sowas kommt net oft vor,
aber geben kanns das schon
amal: Dass zwei

 Mannsbilder, die nicht
verwandt sind, im ganzen
Leben fast immer alles
zugleich machen: Sie hocken
auf e i n e r Schulbänk
nebeneinander und später in
der Kirche bis zur
Konfirmation, sie tanzen und
singen gleichzeitig als
Kerwaborschn
nebeneinander, müssen

gleichzeitig als Soldaten einrucken, heiraten in einer Doppelhochzeit ihre Kerwamaadla, werden gleichzeitig Vater, hocken am Stammtisch beieinander, und man sagt ihnen nach, dass`ein guten Zug beim Bier hätten. Nur im Alter gehen ihre Lebensläufe auseinander, und der Konrad, der Kunz, wird zuerst Witwer. und weil ihn das allzu arg grämt, verabschiedet er sich eher aus der Welt als der Lorenz, der Lenz.

Dem wird es mulmig angesichts der dauernden Gleichzeitigkeit zwischen ihnen beiden, und weil er hofft, es könne damit auch bis in die Ewigkeit weitergehen, will er vom Pfarrer wissen, ob sein Kumpel jetzt wohl in den Himmel gekommen sei. „Ja"lautet die Antwort und „warum denn nicht?" Er sei ja alles in allem ein braver Kerl gewesen, nicht ganz frei von Sünden, aber doch ohne nennenswerte Verfehlungen. Und mit der verdammten Biersauferei, damit werde er ja nun im Himmel droben nicht weitermachen.

„Hm", macht der Lorenz nachdenklich."Was das betrifft, Herr Pfarrer, glaube ich, und Sie nehmens mir

bittschön nicht übel, was das betrifft, kenn ich meinen Kollegen besser. Für ihn kann

´s ohne sei Seidla keinen
wirklichen Himmel geben.
Und für m i c h übrigens aa
net."

Ansichtssachen

die schensda Beerdigung is
nix

wemma die Leich

machn muss

za duud gärwad

is aa gstorbn

Tapetenwechsel

Die schönsten Geschichten schreibt das Leben. In d i e s e r sind die handelnden „Personen" der Gräbners- Willy, die Gerda, seine Frau, der Peter, ihr Sohn, und ein elektrischer Küchenmixer, eins der ersten Modelle, seinerzeit. Und zugetragen hat sich das alles in einem strengen Winter, wo den Leuten doppelt so lang vorgekommen ist wie der schönste Sommer. Je länger dass er nämlich gedauert hat, desto schlechter ist die Gerda aufgelegt gewesen, so dass es am End sogar ihrem Mann aufg`fallen ist, und er sich ein Herz gfasst und sie gfragt hat: „Was isn überhaupts los mit dir?"

„Ich brauch ganz einfach mal einen Tapetenwechsel", hats gesagt, „lieber heut als morgen."

„Tapetenwechsel?" hat sich der Willy recht begrifsstutzig gestellt. „Den haben wir doch erst vorigs Jahr gehabt. Besonders da in der Wohnküche den, den brauchen wir jetzt nicht schon wieder zu machen."

„Nein, das kann man nicht", hat die Gerda gemeint. „Aber man sollat´s vielleicht. Weil: D i e Tapete ist ganz besonders scheußlich, fast schon verheerend."

„Für die Wohnküche langts",
hat der Willy widersprochen."

„„Ja, ja", darauf die Gerda,
„das hast schon damals
gesagt, wie`s`d sie
dahergebracht hast." „Ein
Sonderangebot, das ist ein
Sonderangebot gewesen",
protestiert der Willy noch
einmal, aber dann hat er
endgültig verloren gehabt.

„Ein Sonderangebot, ja",
stimmt die Gerda ironisch zu,
„wie`s zu dir altem
Geizkragen passt, spottbillig
aber geschmacklos, und
außerdem mein ich mit
Tapetenwechel gaz was
andres, nämlich die Tatsach,
dass mir da herin die Decke
auf den Kopf fällt, und ich

einmal ein paar Tage raus muss aus dieser Tretmühl. Sonst geh ich ein wie ein Priemala."

Der Willy hat eine Weile überlegt, dann ha t sich eine gute Idee eingestellt.

„Fahr halt ein paar Tag zu deiner Schwester und ihrem protzigen Aloisi nach München. D i e haben sich schon oft genug bei uns durchgfressen und könnten sich wirklich mal revanschieren."

Und tatsächlich, der Vorschlag ist angekommen, und die Gerda ist in der Woche drauf nach München gefahren. Ihre zwei Männer, der Willy und der Peter haben hoch und heilig versprochen, dass sie sich gut einmal ein paar Tage allein versorgen können.Und es ist damit auch wirklich ganz gut gegangen. Sogar das ein oder andre warme Gericht haben Vater und Sohn einigermaßen genießbar zustande gebracht, und am Freitag sind Ochsenaugen (Spiegeleier) und Spinat auf der Speisekarte gestanden.

Den Spinat wollten sie natürlich ganz frisch auf die Teller bringen. Der Peter wäscht ihn dreimal, der Willy dämpft ihn und quetscht ihn schön sauber in den Aufsatz des elektrischen Mixers hinein.

„Auf die Plätze, fertig, los", blödelt der Peter noch kindisch rum und stellt den Mixer an, und dann…

Dann ist es passiert. Mitten in der hochtourigen Phase schwebt der Aufsatz mit dem Spinat wie ein Ufo, eine Drohne hoch, bleibt sich drehend in der Luft hängen und verteilt den Spinat rundum an den Wänden. Der Willy und der Peter können sich grad noch ducken, sonst hätten sie eine Portion ins Gesicht gekriegt.

„Scheints hast du den Aufsatz nicht richtig feestgeschraubt", vermutet der Willy und will nichts mit der Katastrophe zu tun haben. „Weils aber auch a Glump ist", schreit der Peter und weist alle Schuld von sich, „a Sauglump, a mistig`s".

Nach einigen Versuchen mit nassen Spüllappen haben die beiden Küchenhelden eingesehen, dass die Tapete hinüber gewesen ist und nicht mehr zu retten.

„Das müssma vertuschen", hat der Willy gmeint. „auf Teufel komm raus. Punkt eins: Wir rufen in München an und sagen, die Mutter kann ruhig noch zwei, drei Tag länger in München bleiben. Punkt zwoo: Die Tapete kommt runter und - Punkt drei: Es wird neu tapeziert und zwar aweng schöner als gehabt. Auf gehts, Peter, es pressiert."

Und wie`s geplant war, ists ausgeführt worden, Punkt für Punkt. Und wie`s die Hausfrau gesehen hat, war alles geschafft, die Überraschung gelungen und ein Geheimnis geboren, nämlich wie es zu dem spontanen Tapetenwechsel gekommen ist. Der Peter hat ´s mir später mal erzählt, und weil ers nicht ausdrücklich verboten hat, hab ich`s hiermit für die Nachwelt aufgeschrieben. Damit´s stimmt, dass die schönsten

Geschichten das Leben schreibt, das Alltagsleben.

Das Vogelnest

Der kleinen Dorothea ist langweilig. Die Moni, ihre beste Freundin aus der Nachbarschaft, ist mit ihren Eltern nach Italien gefahren. Es ist Samstagnachmittag, die Mutter hat sich die Haare gewaschen und föhnt und föhnt und föhnt sie, das nimmt kein End, und der Vater werkelt draußen herum, er schneidet die Heck, weil man`s im Sommer ab und zu machen muss.

„Was soll ich denn nur machen", sinniert die

Dorothea und ist ganz schlecht aufgelegt. „Spiel halt mit mir", sagt der Korla, ihr dicker Teddybär. „Nein", mault die Dorothea, „mit dir spiel ich erst wieder heut abend, wenn ich Grießbrei essen soll. Den kriegst nämlich d u, weil: den mag ich net."

„Immer Grießbrei", brummelt der Korla. Ich bin innendrin schon ein einziger Grießbrei. Kein Wunder, dass ich immer dicker werd`.

„Korla, Dichwanst, Korla Dickwanst", schreit die Lora, Dorothea`s scheckig-bunter Stoffpapagei. So oft schreit er`s, bis ihn die Dorothea packt und ins finsterste Eck pfeffert. Freilich tut`s ihr gleich wieder leid. „Nicht beleidigt sein, Lora", sagt`s, „aber ich hab halt heut eine gar zu schlechte Laune". Und sie holt ihn wieder hervor und setzt ihn auf`s Fensterbänklein, weil er dort am liebsten hockt und hinaus auf die Straß`schaut. Aber das hilft jetzt auch nichts, der Papagei ist beleidigt und spricht kein Wort mehr. Auch das noch!

Schließlich hört die Dorothea durch die offene Haustür den Motor der elektrischen Heckenscher laufen: Brrr...brrr..."Ach", denkt sie, „jetzt geh ich naus und schau dem Vater zu."

D e r merkt erst gar nicht, dass sein Töchterla gekommen ist, so vertieft ist er in seine Arbeit. Endlich setzt er mal das Gerät ab und schaut sein Töchterla an: „Na, willst mir wohl helfen?"

„Ich kanns ja net", meint die Dorothea.

„Ja, das Schneiden kannst freilich net", sagt der Vater, „aber du könntst das Abgschnittne zamklauben, das wär doch eine schöne Beschäftigung für dich. Und ich wär schneller fertig."

Missmutig hebt die Dorothea ein paar Ästla auf, der ganze Gehsteig liegt voll davon. Grad will`s die Sach schon aufgeben und in`s Haus zurückgehen, da legt der Vater die Maschine weg und schaut ganz nah in die Heck`hinein. „Na sowas", sagt er, „na sowas."

Die Dorothea wird neugierig und fragt, was er meint. Statt einer Antwort hebt der Vater seine Tochter hoch, damit`s auch in die Heck schauen kann. „Da ist ein Vogelnest drin, siehst es?"

Und tatsächlich: In einer Astgabel hängt ein faustgroßer dicker Batzen aus Ästla und Moos und mit Gras drin, ein kleines Kunstwerk, sauber hingedrechselt und weich ausgepolstert. Das gefällt der

Dorothea, sie ist ganz begeistert davon.

„Mach halt auch so ein Nest", meint ihr Vater. „Sammelst solche Ästla zam und baust ein Nest damit."

„Auja", eifert die Dorothea, „das mach ich. Ich bau ein Nest für die Lora, da freut sie sich und ist nicht mehr beleidigt mit mir."

Und fort ist die ganze Langweil gewesen, fortgeweht als wie wenn ein kräftiger Windzug dahergekommen wär` und sie ganz einfach mitgenommen hätt`.

*

Abstimmung

die wu dafier sen

dassma dageeng sen

bitte ich um ein Handzeichen

ober die annern

därfn sich ruhich

aa aweng meldn

Dichterschicksal

Annähernd so passiert ist
einem Dichterkollegen die
folgende Geschichte, als
wieder einmal die sogenannte
Wahl zum Gemeinderat
stattfand und es tatsächlich

zu einem kleinen lokalen Wahlkampf kam, obwohl jeder jeden kannte und jeder von jedem wusste, wen er wählen würde und warum oder warum nicht. Denn unsere Geschichte spielt in einem mittelgroßen Dorf irgendwo zwischen Dunkel und Sixtminet bei Bayreuth oder Nürnberg, gleich wemma reinkommt links.

Dort lebt der So-und-so-Georg als einer der lezten Vollberufsbauern, und seine größte Leidenschaft war die Dichtkunst. Er schrieb Gedichtla, und das hat er heimlich gemacht, unter der Bettdecke sozusagen, aus schlechter Erfahrung.

Wie er nämlich seiner Frau, der Marie, zum ersten Mal vorgelesen hat, was ihm in die Feder geflossen war, hats gradnaus geschrien: „Du und ein Dichter?! Das ist ja das Blödste, was ich jemals gehört hab! Hör bloß auf mit dem Krampf, sonst kannst mich amal kennen lerna!" Und das wollt der Gerch auf keinen Fall, sie sind ja schon a schöns paar Jahr verheirat` gwesn, und er hat die Marie schon öfter amal „kennen gelernt" gehabt, das hätt eigentlich g`langt.

Aber aufgeben wollt er die Dichtkunst auch net. Wie er eine größere Anzahl Gedichtla beieinander gehabt hat, ist er an einem unverdächtigen Säumarkttermin in die Stadt nei und hat sein Manuskript bei einem Verlag vorgezeigt. Der Chef hat sich die Sachen angeschaut und gemeint:"Ja, warum nicht? Ein dichtender Bauer? Das könnt laufen. Bloß halt: über den Anfang, da müsst uns der Herr Autor aweng drüber weghelfen. In Form von einem rückzahlbarem Druckkostenzuschuss, das ist heutzutag möglich."

Der Gerch hat rumgedruckst: A Druckkostenzuschuss? Ja, woher nehmen und net stehlen? Das müsst heimlich ins Betreiben gebracht werden. Weil: Das wenn die Marie merkt, ist der Teufel los.

Kurz und gut: Irgendwie hat der Gerch das Geld doch heimlich zamgebracht, die Gedichtla sind gedruckt worden, und mittendrin im schönsten Wahlkampf hat der Verlag - auf Bitten des Autors - einen Posten von Bücherpaketen ins Dorfwirtshaus geliefert, wo alle schisslang eine Wahl-Veranstaltung stattgfunden hat. Von dort zu sich nach Haus,in seinen Hof wollt der Gerch die Paketla scho brenga, heimlich natürlich.

Am bewussten Abend ist er ganz besonders lang im

„Roten Ochsen" hocken geblieben und hat drei Parteifreunden weisgemacht, in den Paketen wäre gedruckte Wahl-Werbung, die er vor der Konkurrenz auf dem Dachboden verstecken müsse. Also ist man mitternachts losgeschoben, jeder Parteifreund mit einem Paketla unterm Arm, und haben vorm Gerch seinem Hof, gegenüber dem Dorfweiher, halt gemacht. Der Gerch – so wars besprochen – hätt sich vorsichtig ins Haus schleichen und die Seilwinde herunterlassen sollen,damit man die Paketla auf zwei- oder dreimal unbemerkt hinaufziehen könnt.

Aber wie der Gerch leis die Haustür aufsperren will, merkt er, dass sich der Schlüssel zwar dreht, die Tür aber nicht aufgeht: zugeriegelt von innen!

Oh, Marie! Ausgerechnet an d i e s e m Abend wollt sie dem Gatten einen Denkzettel verpassen, weil ihr die Wirtshaushockerei im Wahlkampf gstunkn hat. Verständlich, aber für`n Gerch ein schwerer Schlag. Nicht nur, dass sein Plan in Gefahr war zu scheitern, zu allem Überfluss haben seine „Helfer" auch noch mitkriegen dürfen, dass ihn seine Frau nausgsperrt hat.

Was jetzt? Zuerst mit leiser Stimm, dann immer lauter hat er sie aufgefordert, auf der Stell, mit der Minutn die Tür aufzumachen, sonst passieret a Unglück.

Die Marie hat sich die ersten zehn Minuten schlafend gestellt, aber schließlich doch das Schlafzimmerfenster aufgmacht und nuntergschaut. Die Mannsbilder mit den Paketen hatten sich gut versteckt und konnten nun hochamüsiert zuhören, wie die Marie ihrem Mann die Leviten glesen hat. Und am End ihrer Gardinenpredigt hats gschrien: Ich mach dir auf gar keinen Fall die Tür auf, und wenns´d dich aufn Kopf stellst! Schlaf doch in deinem Wirtshaus, auf der Bänk, da gfällts dir doch sowieso am besten!" Bums hats getan, und das Schlafzimmerfenster ist zu gewesen.

Der Gerch hat sich eine Zeitlang aufs Winseln und Betteln verlegt, hat immer wieder zu erklären versucht, wie peinlich das alles wär für ihn, aber es hat nix geholfen, und wer gute Ohren gehabt hat, hat die Marie dort droben in ihrem Schlafzimmer mmordsmäßig schnarchen hören, was natürlich pures Theater gwesn ist. Schließlich hat der Gerch in seiner Wut – das kaum unterdrückte

Lachen der Parteifreunde hinter sich und die zugeriegelte Haustür vor sich – zu einer strategischen List gegriffen und geschrien: „Wenn`sd jetzt nicht umgehend die Tür aufmachst, bring ich mich um. Dann hupf ich kopfüber in den Dorfweiher nei, und du weißt, ich kann net schwimmen!"

Das hat die Marie zwar net gleichgültig glassn, aber die Tür hats trotzdem nicht aufgriegelt.

Der Gerch hat seine letzte Karte ausgespielt, hat einen Blumenkübel neben dem Dorfweiher gepackt und „Ich zähl jetzt bis drei", gschrien. „Auf ...drei", hat er gedroht,

„hupf ich ins Wasser, wenn`sd jetzt die Haustür net aufmachst." Keine Reaktion. „Eins, zwei, zweieinhalb...drei!" Und platsch hats getan, und der Blumenkübel ist in den Dorfweiher geflogen.

Die Marie schießt aus dem Bett – im weißen Nachthemd wie ein Gespenst – und rennt zum Weiher. „Gerch, Gerch", schreits, das ist doch net so ernst gmeint gwesn." Die Parteifreunde und der Gerch halten sich natürlich versteckt und schauen zu wie die Marie in höchster Angst und Aufregung um den Weiher herumrennt und nach ihrem Gatten ausschaut. Gschieht

ihr gscheit recht, denkns
natürlich. Und wie an einer
Stelle Luftbläsla aufsteigen,
als wie wenn da unten einer
absaufen tät, hats
angefangen, im ganzen Dorf
nach Hilfe zu schreien. „Hilfe,
Hilfe, mein Mann liegt im
Weiher drin und ersäuft."

Inzwischen haben der Gerch
und seine Helfer unbemerkt
die Paketla ins Haus und auf
den Dachboden transportiert.
Und wie die Marie mit ein
paar verschlafenen, aber
hilfsbereiten Mannsbildern
zum Weiher
zurückgekommen ist, hat der
Gerch in aller Ruhe zum
Schlafzimmerfenster
herausgeschaut und so

scheinheilig wie möglich gerufen: „Was ist denn da unten los? Is ebber was passiert?"

Naja, ganz so dramatisch ist die Geschichte in Wahrheit nicht verlaufen. Aber dass es irgendwo in Franken einen Mundartdichter gegeben hat, der seine ersten Büchla heimlich hat drucken lassen, um sie dann vor seiner Frau auf dem Dachboden zu verstecken, das soll tatsachwahr sein. Dichterschicksal.

Im Hochhaus

Für`n Schorsch, unsern zweiten Vorarbeiter – er schaut immer aweng unordentlich aus – wirds wirklich Zeit, dass er heiratet und Ordnung in seinen Alltag bringt. Letzten Freitag hat er wieder mal ein Stück geliefert – wenn das nicht wirklich passiert wär, hätt man denken können, dass es sich jemand ausgedacht hat.

Nach Feierabend sind wir wieder mal auf ein Bier in den „Grünen Baum" gehockt. Wie jede Woche. Zuerst ein Schnelles zum Runterspülen von Staub und Dreck, dann das Zweite schön langsam, verstehst, und so um zehn herum hatten wir alle „die Höh" und mehr oder weniger einen (un)gesunden Rausch.

So, wie jetzt heimkommen? Den Führerschein wollt keiner riskieren, hin und her, bis wir uns zu einem Taxi entschlossen haben – geteilte Kosten.

Der Schorsch hat seine kleine Wohnung in einem Hochhaus, 11. Stock, gehabt. Wie das Taxi vor dem Haus hält, fällts ihm ein, dass wir droben bei ihm noch einen erstklassigen Zwetgscher probieren sollten. Also Taxi adee, wir rein in das Haus und den Fahrstuhl, und aufwärts gehts, hurra. Die Kabine hat unterwegs ein paarmal stopp gemacht, und der eine oder andere ist schon etwas grün geworden im Gesicht. Endlich „Ausstieg", es langt mit dem ewigen Nauf und Nunter. Noch einen endlosen Gang entlang, und der Schorsch hat uns aufgesperrt, das heißt: er w o l l t e aufsperren. Ich glaube, sieben- oder achtmal hat er sämtliche Hosen- und Jackentaschen durchsucht- der Wohnungsschlüssel wollt einfach nicht zum Vorschein kommen.

So, was jetzt? Zurück zur Baustell vielleicht und die Arbeitsmontur durchsuchen?

Nein, in d e m Zustand um nichts in der Welt.

„Und wenn ich die Tür zamhauen muss, ich will etz da nei", hat der Schorsch gmeint, fast gschrien hat ers und gegen die Tür gedrückt und getreten, dass alles zu spät war. Geholfen hats natürlich nichts, bis es dem Kasls-Hans eingefallen ist, dass er ein kleines Stemmeisen in seiner Brotzeitbüchse mit rumgeschleift hat. Und damit ists dann über das Türschloss hergegangen.

Mit lautem Hau-ruck und Drücken und Operieren hat man alles um sich herum vergessen – und offen ist die

Tür gewesen. Bravo, bravo, a Mordsgschrei, Licht an, bitte einzutreten.

Auf einmal – ich sehs noch heut, wenn ich dran denk – wird der Schorsch käsweiß um die Nase, ein Gesichtszug nach dem anderen entgleist ihm, und dann hat ers gesagt, als wenns sein Todesurteil wär: „Des is net mei Wohnung! DAS IST NICHT MEINE WOHNUNG!" Und es hat gestimmt, eine Etage zu tief sind wir gewesen, und weil ein Stockwerk in so einem Hochhaus genauso ausschaut wie das andere… naja, Sie wissen scho!

Zum Glück sind die`wirklichen Bewohner kurz darauf vom

Kino heimgekommen und haben gute Stimmung und etwas Humor mitgebracht, und die Sach ist für`n Schorsch einigermaßen gnädig abgegangen. Aber über eins gabs bei uns keinen Zweifel: Sowas kann bloß unserem Schorsch passieren. „Des is net mei Wohnung! Sogar auf Hochdeutsch hat ers gstammelt: DAS IST NICHT MEINE WOHNUNG!"

Wie gesagt: Es ist Zeit, dass er endlich heiratet und Ordnung in seinen Alltag bringt, unser Schorsch.

Hochnaus

ach goddala

die baua ja immer

heecha und heecha nauf

nimmd denn des gor ka end ?

bis in himml

kennas ned

naufbaua

glaabmas

ehra scho in die höll nunder

wenn ihnan vor lauder

naufbaua

die zwietscher ausgenga

Der Sargschreiner

Das ist wieder so a Allerweltsgschicht, aber sie will erzählt werden.

Also: Der Hans ist Schildermacher gewesen. Zum Beispiel hat er schöne Wirtshausschilder erfunden, aweng auf alt, mit viel Fantasie. Ein paar klappern heut noch im Wind, andere haben – wer weiß wie ? - den Weg in Sammlerhänd gfunden oder in ein Museum. Und immer, wenn so ein Schild fertig gewesen ist und naufg`macht worden ist, ists zuerst einmal tüchtig „getauft" worden, und die meisten Wirte haben sich nicht lumpen lassen. Der Hans hat einen guten Zug gehabt, und der Kunz, unser Schreiner, hat ihm beim Schilder-Naufmachen und der anschließenden Tauf geholfen.

Er hat sich das ganze Jahr über aufn Herbst gfreut. Warum? Weil: Im Herbst, da erbst oder du sterbst, und die Gschäftla für die Sargschreiner gehen besser. So viel Zeit, um dem Hans beim Schilder-Naufmachen zu helfen, hat er allerdings immer abzwacken können. Teamwork! Die zwei Handwerker haben schon unter der Arbeit ein oder zwei Seidla getrunken, und es ist manchesmal passiert, dass der Hans von der Leiter abgerutscht und nuntergfallen ist. Es war net hoch, aber diesmal ist er doch durch den Schreck aweng liegen geblieben, und der Kunz, der Sargschreiner, zieht, wie er da seinen Freund so liegen sieht, seinen Maßstab raus und fängt an, den Hans der Länge nach auszumessen. Wie der das merkt, richtet er sich auf und plärrt los: „Ja, du Frecker, du verdächtiger! Du spinnst wohl aweng! Misst der mich aus für meinen Sarg! Da hört aber die Freundschaft auf!"

„Aha, du lebst noch", sagt der Kunz und geht wieder seiner Arbeit nach, als wie wenn nix gwesen wär. Naja, Gschäft ist Gschäft. Gfühliges muss da draußen bleiben. Ob die zwei Mannsbilder Freunde geblieben sind, ist nicht überliefert.

Auswanderer

Diese Geschichte liegt schon etwas zurück, ist aber trotzdem wahr. Damals – also gegen Ende des 19. Jahrhunderts – sind viele Deutsche nach Amerika ausgewandert, auch aus Franken und unserer nächsten Umgebung. Über dem großen See drüben wollten sie ihr Glück machen und ein besseres Leben aufbauen. Die meisten sind bitterarm gewesen, und auszuwandern war für sie die einzige, die letzte Chance

Beim Potzels-Fritz kam noch etwas anderes dazu. Auf dem nächtlichen Heimweg von der Kerwa hatte er im Übermut oder Bierrausch einen kleinen   Stein ins offene Fenster der Sendelbecks-Anna geworfen, und der Stein hatte sie am Kopf getroffen. Vielleicht war der Stein auch größer gewesen als vermutet, und der Schwung, mit dem er ihn geworfen hatte auch. Eine Dummheit das Ganze, und der Fritz schimpfte auf sich selbst und rechnete damit, dass jemand ihn beobachtet hatte, dass er angezeigt werden und, wer weiß, ins Gefängnis kommen würde. Also nichts wie weg, am besten gleich nach Amerika, bis dorthin dürfte der Arm der Gendarmerie wohl nicht reichen. Und an´s Auswandern hatte der Fritz ohnehin schon gedacht.

Das Kofferpacken ist zwar ein arges Gfrett gewesen – was nimmt man mit, was braucht man nicht unbedingt? Aber schließlich war es doch geschafft. Leise und heimlich machte er sich auf den Weg, weil er allein und ledig geblieben war, ging das ohne Aufsehen.

Um beim Start nicht aufzufallen, kaufte er sich zunächst nur eine Fahrkarte bis nach Nürnberg und dort erst eine bis nach Bremerhafen hinauf, wo die großen Auswandererschiffe Richtung Amerika damals ablegten.

Zuerst ging die Fahrt durch Unterfranken mit seinen Weinbergen, dann quer durch die Mittelgebirge, auch das gefiel ihm noch ganz gut, weil es noch so ähnlich wie zu Hause aussah. Aber wie er halt dann nach und nach in den Norden hinaufkommt, wo alles immer ebener und weitläufiger, ist es ihm doch aweng fremder erschienen.

„Ach Gott", hat er gedacht, „wenn das in diesem Amerika dort auch so ausschaut wie da, kein Berg, kein Hügel, kein Tal, alles bloß platteben und kaum ein Baum so weit wie man schauen kann, bloß endlose Kornfelder und sonst nix, dann pfeif ich euch was auf euer Land der unbegrenzten Möglichkeiten." Immer schlechter ist seine Stimmung geworden, je näher er auf Bremerhafen zugekommen ist. Und dort ist dann schon rein gar nichts mehr gewesen wie daheim. Und Leut, Leut hats gegeben wie Sand am Meer. Dem Potzels-Fritz ist angst-a-bang geworden.Aber schließlich hat er sich zamgrissen und sich in eine Liste für reisewillige Auswanderer eingetragen. Egal, wie`s jetzt weitergeht, der Herrgott wird`s schon richten.

Um dem größten Gwerch und Gschrei aus dem Weg zu gehen, hockt er sich auf einen Poller am Hafenrand hin, macht sein Köfferla auf und holt das letzte Rämpftla Bauernbrot raus und das letzte Schnärpfala Rotwurst und verdrückt`s schön sacht und langsam. „Wie eine Henkersmahlzeit" - das Wort kommt ihm ganz von selbst in den Sinn.

Wie die Brotzeit gegessen ist, horcht der Potzels-Fritz in sich selber hinein, weil er

rausbringen will, ob`s ihm
jetzt besser geht. Er horcht
und horcht, aber da rührt sich
nichts. Ein Bier wär halt etzt
recht, aber da ist weit und
breit keins in Sicht. „Hilf,
Gott", betet der Fritz und
schaut mit leerem Blick in das
ewige Hin und Her der
Menschen hinein, die alle
nach Amerika nüber wollen.
„Hilf, Herrgott, und schick mir
halt einen Menschen her, der
wo mich kennt, mit dem wo
ich reden kann. Bloß a`n
einzigen Menschen, bitte!"

Und was soll man sagen!
Kaum hat er es gedacht, hört
er von einer männlichen
Stimm seinen Namen

ausg`schrien: Potzel,
Friedrich, Potzel Friedrich!"

„Das gibts net, das kann net
sein, das ist ja wie im Märla",
denkt der Fritz und springt auf
wie von der Weps gstochen.

„Potzel, Friedrich, Potzel
Friedrich?" Jetzt gibt's keinen
Zweifel mehr: e r ist gemeint."
Da bin ich", schreit er und ist
heilfroh, dass ihn endlich
jemand kennt von den
ganzen Fremden da.

Der Mann, der nach ihm
gerufen hat, ist uniformiert
und schaut streng dienstlich
drein.

„Ja, ich gebs zu, Herr
Kriminalrat", sprudelt der Fritz
hastig und schuldbewusst los

und macht einen Diener vor dem uniformierten Herrn,
„ Ich hab den Stein bei der Sendelbecks-Anna ins Fenster gschmissn, aber ich wollt`s net treffen, das ganz gwiss net. Ich wollt bloß haben, dass sie amal rausschaut zu mir auf die Straß. Ich weiß net amal mehr, warum. Ich bin auf dem Heimweg von der Kerwa gwesn, bsoffn bis übern Arsch nunter und es war a Anfall von Übermut, weiter nix wie a kindische Dummheit."

„Hm", brummt der Hafenbeamte und tut so, als hätte er das „Geständnis" auf Fränkisch verstanden. Schließlich zieht er die

Auswandererliste, in die sich der Potzels-Fritz eingetragen hatte, aus der Diensttasche, und hält sie ihm unter die Nase. „Wie lange sollen wir eigentlich noch auf Sie warten?" donnert er ihn an.

„Ja, nimmer, gar nimmer", schreit der Potzel vor Freud."Ich hab daheim eine kleine Dummheit gemacht und dafür steh ich auch ein. Aber wenn ich deswegen nach Amerika ausgwandert wär, wär`s a g r o ß e Dummheit gwesn."

„Soll heißen, Sie verzichten zugunsten einer anderer Person?" „Ja freilich, ich verzicht, und sagn`S der andren Person einen recht schönen Gruß von mir und viel Glück in Amerika. Und Ihnen, Herr Oberhafenmeister sag ich ganz herzlichen Dank dafür, dass Sie mir die g r o ß e Dummheit erspart haben, wu ich ums Haar gmacht hätt, weil: Dahaam is doch am schönstn, sagt der Volksmund.   Freilich, bei uns gehts ärmlich zu, und das Geld hockt woanders. Aber das Glück is bloß dahaam daheim. Stimmts oder hab ich recht?*

Global

Die Welt vo heit

die hältst im Kupf net aus

Alles schneit ba dir rei

jede Katastroof

Und oodauernd sollast spendn

gebn, rettn,

Dafier is der Mensch

net gmacht

Turismus is modern

dahaam hockn net

Wus dahaam doch am schensdn is

Reichtum

Wos mir net alles gheert auf
dera Welt

Des is direkt unheimlich is
des

Pass auf, wennsd deina
Schelln kriegst

Kehr dei Stroß zam

Heit is Samstooch

Ram dei Werkstott auf

Gleich is Feieroombd

Renn dassd
dein Zuuch nu derwischst

Schau auf dei Ampl
Grüner werds net

Wos mir net alles
ghört auf dera Welt

Noch eine Krähe

"Orma Leit – die gibt's doch
heitzutooch gor nimmer!"

Stimmt und stimmt aa net,
glaabi. Es gibt scho nu Leit,
wu knausern und sporn
missn, wenns durchs Leben
kumma wolln, ober die ganz
grußa Armetei, die hot unner
Soziolstoot su nooch und
nooch abgschafft. Vor all'n

setzn die Leit mit'n klann Geldbeitl heitzutooch nimmer su vill Kinner in die Welt. Sieb'ma, ochta, neina, a ganza Kretzen vull – des kummt, g'schätzt, su gut wie gor nimmer vor.

Unner G'schichtla g'heert ober in die Zeit, wu des noch normool gwesn is, und wenn sellmol bei solche orma Leit a Familienfest ins Haus gstandn war, do hot ma scho oft es Letzta zamkratzn missn, damit's bei die Feierlichkeitn einichermooßn zünftig zuganga is. Do hot Fantasie dazu g'heert, und die Verwandtschaft hot zamhaltn und zamtun missn, damit die ei'gloodna Gäst net hungrich und dorschtich aufgstandn sen und sich hintnnooch es Maul ieber die mangelnde "Nötichung" zerrissn hab'n.

A su is seinerzeit aa noch g'wesn, wie die Mallners-Erika na Sendelbecks-Rees g'heirat hot, draußn, in erchendan klann Derfla i'n Bareither Land. Die Hochzich is orm g'wesn ober gruß, zahlreich, des hot ma si ausrechna kenna, und wall des immer nu es Biiligsta g'wesn is – und doch amoll a weng wos Extrigs - , hot sich der Erika ihr Vater dazu durchgrunga, seine Taub'n za opfern, aana pro Hochzigsgast, des kennt villeicht aufgeh, wenn's aa wehtut.

Ober es i s net aufganga, leidergottes net - oder unner Taubngokerer hot a weng bschissn, und es wär gor net notwendi g'wesn... Jednfalls sen unter die 'brootna Taubn so mir-nix-dir nix a poor Kroha neigmischt wor'n, wu der Mallner und sei Jüngster, der Korla, a poor Tooch vor der Erika ihrer Hochzich aus 'an Krohanest rausgstuhln ghabt hab'n. Auf die Art hot die Hochzigstafl zugor recht ordentli ausgschaut und gor net wie bei orma Leit... Die Gäst hab'n freilich nix davoo g'wißt. Die hab'n alles fier Taubn g'numma, wos fleischmeeßi auf'n Tiisch kumma is – wor ja aa su gedocht!

Wie ober etzt des Essn und Neihaua su richtich in die Gäng kumma wor, is na Korla, den hungrichn Lausbub'm, auf aamol eig'falln, daß er nooch der erschtn "Taubn" nu a zweita vertroong kennt.

"Vadder", hod er mit halba Stimm zu sein Ernährer gsogt, "Vater, gib ma nuch a Kroha!"

"Psst!" hot der Vatter g'macht und na Finger auf die Goschn g'legt.

Ober der Korla gibt su leicht ka Ruh:" Vatter, gib ma nuch

a Kroha!" benzt er weiter, und a poor vo die Gäst spitzn scho die Ohrn.

Der Brautvater grinst recht freindlich-verbindlich in die Rundn, damit die Leit denkn solln: "Kinner sen halt Kinner und redn vill, wenn der Tooch lang is." Bluß grood des gfällt unnern Korla gor net, er is ka "Kind" mehr und waß, wos er will: Noch su a "Taubn", und wenns Backstaa hoglt. Er dreht na Kupf a weng und schaut sein Vater vull in's G'sicht. Und dann läßt er na raus, den kapitaln Soocherer vo dera Hochzich, laut und daß'nan aa a jeder heern konn, der wu net grod duusheerat is:

"Vater", sagt er und is sicher, daß Recht und G'setz auf seiner Seitn sen, wal des, wos er etzt daherbrengt is ja die reinsta Wohrat: "Vater, wennst ma etzt net auf der Stell nuch a Kroha gibst, dann sooch i, daß'd na Onkel Alfred sei nei's weiß' Hemmad droo host..."

Wie des Hochzigsessn dann weiterganga is, waaß i net. Villeicht is ja die G'schicht genau-asu, wie ichs derzählt hob, aa gor net passiert – bluß su ung'fähr.... Ober daß der aa oder ander etzt untern Lesn grood gschmunzlt hot oder in sich neiglach't: "Ja, ja, su is des halt: Kindermund tut Wahrheit kund!" - des is fier

mich doch Grund gnuuch
g'wesn, des G'schichtla unter
die Leit za brenga - zugor
wenns am End vo A bis Z
derstunkn und erloong is.
Wal: Ganz schlecht erdichtet
is nämlich net – oder?

Halt dei Goschn

wennsd redst

Eingtli bini a reicher Moo

Wenni ma bluß ab und oo

a Seidla Bier mehra kaafn
könnt

Abgesang

Ärchendwann

werd ärchendwos

es ledsda saa

wos ich denk oder schreib

das muss gwichdi saa

und unvergesslich

damid deiine Midmenschn
denkn:

Oo den is a Weltverbesserer

verlorn ganga!

Gwaaf! saudumms

Die Welt lefd nooch dir

genau su rund weider

wie`s vor dir aa

scho gloffn is.

Das Leben fängt an mit der Geburt

und hört auf mitm Tod.

Zwischendrin mussma halt schaua...

Bayreuth, Herbst 2022

Herstellung und Verlag:
BoD – Books on Demand,
Norderstedt
ISBN: 9783756842384

FSC
www.fsc.org

MIX

Papier aus ver-
antwortungsvollen
Quellen
Paper from
responsible sources

FSC® C105338